AF231618

CATALOGUE

D'UNE

TRÈS BELLE COLLECTION

DE

TABLEAUX

ET DESSINS MODERNES,

PROVENANT DE LA GALERIE D'UN AMATEUR ET DE CELLE DE

MM. SUSSE FRÈRES,

DONT LA VENTE AURA LIEU

HOTEL DES VENTES MOBILIÉRES,

SALLE N° 2,

RUE DES JEUNEURS, N° 42,

LE MERCREDI 20 FÉVRIER 1850, A MIDI.

Par le ministère de M° **RIDEL**, Commissaire-Priseur,
335, rue Saint-Honoré.

EXPOSITION PUBLIQUE

Le Mardi 19 Février 1850, de midi à quatre heures.

LE PRÉSENT CATALOGUE SE DISTRIBUE :

Chez MM. **SUSSE** frères, place de la Bourse, n. 31.
Et chez M° RIDEL, rue Saint-Honoré, 335.

PARIS

IMPRIMERIE ET LITHOGRAPHIE DE MAULDE ET RENOU,
Rue Bailleul, 9 et 11, près du Louvre.

1850

CATALOGUE

D'UNE
TRÈS BELLE COLLECTION

DE

TABLEAUX

ET DESSINS MODERNES,

PROVENANT DE LA GALERIE D'UN AMATEUR ET DE CELLE DE

MM. SUSSE FRÈRES,

DONT LA VENTE AURA LIEU

HOTEL DES VENTES MOBILIÈRES,

SALLE N° 2,

RUE DES JEUNEURS, N° 42,

LE MERCREDI 20 FÉVRIER 1850, A MIDI.

Par le ministère de M° **RIDEL**, Commissaire-Priseur,
335, rue Saint-Honoré.

EXPOSITION PUBLIQUE
Le Mardi 19 Février 1850, de midi à quatre heures.

LE PRÉSENT CATALOGUE SE DISTRIBUE :
Chez **MM. SUSSE** frères, place de la Bourse, n. 31.
Et chez M° RIDEL, rue Saint-Honoré, 335.

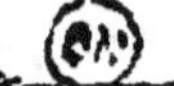

PARIS

IMPRIMERIE ET LITHOGRAPHIE DE MAULDE ET RENOU,
Rue Bailleul, 9 et 11, près du Louvre.

1850

CATALOGUE

D'UNE

TRÈS BELLE COLLECTION

DE

TABLEAUX

ET DESSINS MODERNES,

PROVENANT DE LA GALERIE D'UN AMATEUR ET DE CELLE DE

MM. SUSSE FRÈRES,

DONT LA VENTE AURA LIEU

HOTEL DES VENTES MOBILIÉRES,

SALLE N° 2,

RUE DES JEUNEURS, N° 42,

LE MERCREDI 20 FÉVRIER 1850, A MIDI.

Par le ministère de M⁰ **RIDEL**, Commissaire-Priseur,
335, rue Saint-Honoré.

EXPOSITION PUBLIQUE

Le Mardi 19 Février 1850, de midi à quatre heures.

LE PRÉSENT CATALOGUE SE DISTRIBUE :

Chez MM. **SUSSE** frères, place de la Bourse, n. 31.
Et chez M⁰ **RIDEL**, rue Saint-Honoré, 335.

PARIS

IMPRIMERIE ET LITHOGRAPHIE DE MAULDE ET RENOU,
Rue Bailleul, 9 et 11, près du Louvre.

1850

CATALOGUE

D'UNE

TRÈS BELLE COLLECTION

DE

TABLEAUX

ET DESSINS MODERNES,

PROVENANT DE LA GALERIE D'UN AMATEUR ET DE CELLE DE

MM. SUSSE FRÈRES,

DONT LA VENTE AURA LIEU

HOTEL DES VENTES MOBILIÈRES,

SALLE Nº 2,

RUE DES JEUNEURS, Nº 42,

LE MERCREDI 20 FÉVRIER 1850, A MIDI.

Par le ministère de Mᵉ **RIDEL**, Commissaire-Priseur,
335, rue Saint-Honoré.

EXPOSITION PUBLIQUE

Le Mardi 19 Février 1850, de midi à quatre heures.

LE PRÉSENT CATALOGUE SE DISTRIBUE :

Chez MM. **SUSSE** frères, place de la Bourse, n. 31.
Et chez Mᵉ **RIDEL**, rue Saint-Honoré, 335.

PARIS

IMPRIMERIE ET LITHOGRAPHIE DE MAULDE ET RENOU,
Rue Bailleul, 9 et 11, près du Louvre.

1850

La collection que nous offrons aux amateurs se compose des œuvres des artistes préférés, et dont les œuvres sont toujours recherchés. On y trouvera réuni les noms de MM. Decamps, Delaroche, Scheffer, Diaz, Roqueplan, Coignet, Wild, etc., etc.

CONDITIONS DE LA VENTE.

Elle est faite au comptant.

Il sera perçu 5 pour 100 en sus des adjudications, applicables aux frais de vente.

DÉSIGNATION

DES TABLEAUX.

AUVRAY.

30.   1 — Les Adieux à la fontaine.

BELLANGÉ (Hippolyte).

120.   2 — Le Départ pour la messe, de la grand'-mère
aveugle, conduite par son petit fils.

BEAUME.

400.   3 — Mignon effeuillant une marguerite. 800.

E. DE BEAUMONT.

60.   4 — Pastel. Le Plaisir s'en va.

CORNU.

120   5 — Faust et Marguerite dans le jardin.
120.   6 — Faust et Marguerite dans la prison.

CAVE (madame).

60   7 — Berquin et sa famille.

60   8 — Les deux Sœurs endormies.

COTTREAU.

150   9 — Saint Hubert.

200   10 — L'Adoration des bergers.

COIGNET (Jules).

150   11 — Les Ruines de Karnac.

~~12 — Place Sainte-Sophie, à Constantinople.~~

CHOLET.

60   13 — La jeune Laitière.

CHARPENTIER.

60   14 — Tête de jeune fille, de profil.

300   15 — Tête d'Italienne.

DECAMPS.

30   16 — Pastel. Souvenirs d'Italie.

80   17 — Dessin. Les Singes tonneliers.

30   18 — Dessin. Vieille femme portant des fagots.

50   19 — Tableau. Épisode de 1830.

DESHAYES.

30   20 — Une marine, temps d'orage.

5

DELAROCHE (Paul).

21 — Dessin. Tête de la Madeleine. 600.

N. DIAZ.

22 — Femme et Amour. 590
23 — Chevaux dans un pâturage. 60
24 — Femme et Amours tenant des fleurs. 560
25 — Chiens dans un paysage.

DUBUFE.

26 — Le Christ prêchant dans le désert. 3000.

DEDREUX (Alfred).

27 — Boule-dogue et levrette. Partie. 1200
28 — Boule-dogue et levrette. Revanche. 1100.

DEDREUX (A.).

29 — Chien de berger. 550
30 — La Veuve et les deux Levriers. 1400.

DREUX-DORCY.

31 — Pastel. Rêverie. 100
32 — Causerie sur l'herbe, costumes espagnols.

DUPRÉ (Victor).

33 — Pâturages normands. 200

FLEURY (Robert).

31 — Jeune fille et son chien. 400.

GENDRON.

35 — Les Willis. 3000.

Sujet tiré d'une ballade allemande.
Ce tableau a été très-remarqué à l'exposition de 1848,
et a valu à son auteur la médaille d'or.

GIRARDET (Karll).

36 — Souvenir d'Afrique. 600
37 — Napoléon au mont Saint-Bernard. 600
38 — Napoléon en Égypte. 600

GIRAULT.

39 — Fille de pêcheur au bord de la mer.

GRAIFFLÉ.

40 — Tête d'étude à la robe verte. 400.
41 — Jeune femme jouant de la mandoline. 600

HESSÉ (A.).

42 — Pêcheurs catalans. 2500.

HILDEBRANDT.

43 — Vue prise à Saint-Pétersbourg. 700

HILMACHER.

6044 — Diane. 250

6045 — Eve. 750.

ISABEY (E.).

46 — Le Page indiscret. (Intérieur). 700

JACQUAND.

47 — Tableau. La Dîme. 600

48 — Napoléon chez un évêque. 600.

JOYANT.

49 — Vue de Venise. 250

LORSAY (E., d'après Bouchot).

50 — Les funérailles de Marceau. 500

C'est la seule copie du magnifique tableau de Bouchot
qui a été donné à la ville de Chartres.

LONGUET.

51 — Baigneuses dans un paysage. 60

52 — Nymphes dans un bois. 60

53 — L'Abandon. 60

54 — Daphnis et Chloé. 100

55 — Baigneuse vue de dos. 100.

Etude d'après nature.

LANSAC.

56 — Intérieur d'écurie.

LAMOTTE.

20 . 57 -- Tête d'étude.

MAROHN.

60 . 58 — Qui dort dîne. 150

MULLER.

250 . 59 — Jeune fille et petits lapins. 800

MARZOCCHI.

50 . 60 — Haydée.

MIDY (Ad.)

60   61 — Tableau. Intérieur breton. 150
60   62 — Les Cadeaux de Noël. 150

ORSCHEVILLERS (d').

40   63 — Vaches dans un pâturage.
40 . 64 — Taureaux au repos.

PARIS.

30 . 65 — Moutons dans une étable.
60 . 66 — Moutons et chèvres dans un pâturage. 300

PHILIPPOTEAU.

170 . 67 — Campagne de Russie. 500

PERROT.

68 — Marine.

PALIZZY.

69 — Paysage.
70 — Chèvres.

PAPETI (Dom.).

71 — Le Domino rose.

ROQUEPLAN (Camille).

72 — Enfants de pêcheurs sur les bords de la mer.
73 — L'Oiseau mort.
74 — Pastel. Souvenir du parc de Versailles.

ROSSIGNON.

75 — Le Dernier Jour de la Pologne (1832).
Un Polonais ne se rend qu'à Dieu.

ROUSSEAU (Ph.).

76 — Nature morte.

SABATIER.

77 — Paysage avec moine.
78 — Guet.
79 — Le Rendez-vous au puits.

SCHIFFER (Henri).

80 — Mélitation. *300.*

SENTIES.

81 — Pastel. Femme et Satyre. *100*

82 — Pastel. Nymphe endormie. *100.*

TANNEUR.

83 — Marine, en hauteur.

TITIEN (d'après).

84 — La Maîtresse du Titien.

Très belle copie faite à Rome.

VALLOU DE VILLENEUVE.

85 — Les Orphelines. *500*

VERNET (Horace).

86 — Sépia. Napolitain jouant de la mandoline. *200*

WILLEMS.

87 — Intérieur Lanpany. *600.*

WATTIER.

88 — Pastorale dans le style de Watteau. *300.*

WYLD (W.).

89 — Grand canal de Venise. *750.*

90 — Vue prise en Algérie près de la rade d'Alger. *500.*

91 — Un Minaret en Algérie. *300.*

92 — Deux vues de Paris, Soir et Matin. *100.*

93 — Sous ce numéro seront vendus tous les articles non catalogués.

3493   Imp. de HAULDE et RENOU, rue Bailleul, 9 et 11.

9 782329 077239